AF243238

ASSISTANCE MUNICIPALE

DURANT LE SIÉGE

1870-1871.

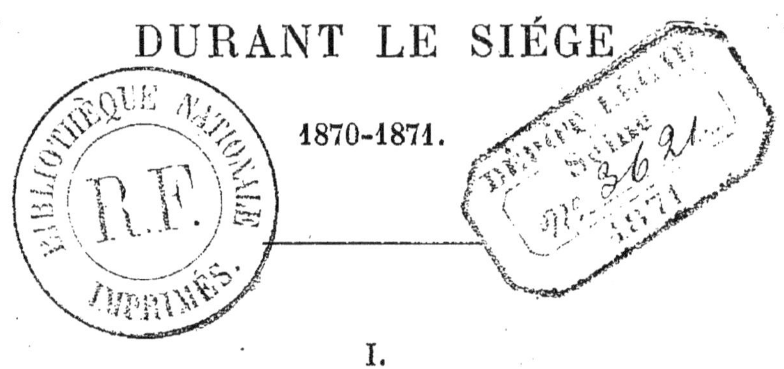

I.

COMITÉ DE SECOURS POUR LES FAMILLES DES MILITAIRES
ET DES GARDES MOBILES.

La Ville de Paris ayant, au mois d'août 1870, voté la somme de cinq millions pour être consacrée aux familles des militaires rappelés sous les drapeaux et des gardes mobiles, la municipalité du 7e arrondissement, sur l'initiative de M. le marquis de Villeneuve, maire, fit appel au concours de plusieurs personnes charitables, à l'effet d'organiser les secours, et de les attribuer, après enquête, en la forme d'allocations hebdomadaires.

Le comité se trouva composé, dans l'origine, du maire, président, et de ses adjoints, des membres du conseil municipal appartenant à l'arrondissement, et de deux membres par quartier.

Les membres du comité furent autorisés à se faire seconder, pour les visites, par des auxiliaires de leur choix.

Les bons hebdomadaires d'argent, signés par le membre du comité, devaient être ordonnancés par le maire et acquittés par le secrétaire de la mairie.

La première séance eut lieu le jeudi 18 août 1870.

M. de Villeneuve, maire, présidait, assisté de MM. Hortus et

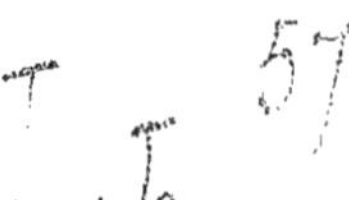

Bercand, adjoints. Étaient présents : MM. Gilbert, membre du conseil municipal; Cochin, ancien maire; le marquis de Gontaut Saint-Blancard; le comte Rampon, le comte Auguste de Bastard, Cousté, Seyeux, Dublaix et Pagès.

M. de Nougarède de Fayet, membre désigné, était absent.

M. Pagès remplit les fonctions de secrétaire.

L'organisation par sections fut bientôt modifiée, en raison de l'inégalité de population dans les quartiers. Les familles furent réparties entre les membres de la manière qui parut la plus efficace.

Il fut décidé, le 19 août, que deux réunions auraient lieu par semaine.

Il fut aussi décidé que les secours seraient soit périodiques, soit uniques.

Le 26 août, M. le comte de Saint-Aignan et M. le marquis de Raigecourt furent nommés membres du comité, et le 29 août M. le comte de Rességuier.

Le 31 août, M. Cousté, chargé d'un service public extraordinaire, cessa de prendre part aux travaux.

Le 2 septembre, M. Descottes, et, le 9 septembre, M. Bercand, qui cessait d'être adjoint au maire, furent admis.

La Municipalité nouvelle accepta le concours du comité, lequel fut dès lors présidé par M. Hortus, demeuré adjoint au maire.

Les enquêtes s'opéraient régulièrement, et les membres en faisaient le rapport en séance. Les secours votés étaient chaque semaine attribués aux membres sous la forme de bons. Les familles venaient réaliser ces bons à la mairie.

Le 13 septembre, M. le comte Rampon, appelé dans l'Ardèche pour y organiser la garde mobile, fit agréer sa démission.

Ledit jour M. Hortus invita les membres, à l'occasion de la prochaine échéance des loyers, à venir en aide aux familles déjà secourues, de la manière suivante : offrir aux propriétaires 40 ou 45 pour 100 du terme, en échange de la quittance du terme entier (de ce seul terme, et en laissant réservés tous droits antérieurs).

M. le baron de Rivière fut admis le même jour.

Un don de 100 fr., fait par M. de Saint-Aignan, fut converti en bons de fourneaux et réparti entre les membres.

Au 27 septembre, le comité distribuait des secours à 614 familles et avait déjà dépensé 5,121 fr.

Les membres avaient, dès l'origine, été invités à consulter les sœurs des différentes maisons de secours. En faisant les enquêtes et en distribuant les bons, ils furent toujours secondés efficacement par ces vénérables religieuses.

Le 4 octobre, M. Amiot fut admis comme membre, et le 7 octobre, M. de Foblant.

Le 7 octobre furent accordés les premiers secours pour loyers. Les propriétaires accueillirent volontiers le compromis proposé.

M. Arnaud de l'Ariége, nommé maire le 5 novembre 1870, et MM. Hortus, Dargent et Bellaigue, adjoints, exprimèrent au comité leur vive sympathie et l'invitèrent à continuer son œuvre. ·

Le 25 novembre, il fut décidé que les familles, dont les soutiens étaient appelés dans les bataillons de marche, seraient admises aux secours, en tenant compte du fait que les gardes nationaux de marche recevaient déjà, de la mairie, 1 fr. 50 de subvention journalière.

Le 9 décembre, M. Simon fut admis comme membre, et, le 16 décembre, M. Mertian.

Les secours de loyers pour le terme d'octobre avaient été accordés à 121 familles et s'étaient élevés à la somme de 2,855 fr. (en moyenne : 23 fr. 50).

Au 31 décembre le comité visitait 837 familles. Les secours hebdomadaires étaient de 5,762 fr.

La dépense avait été, du 22 août au 31 décembre, de 54,578 fr.

Au 28 février le nombre des familles était de 880. La dépense avait été de 108,292 fr.

Dès le 1er février la mesure précédemment admise pour les loyers d'octobre fut appliquée aux loyers de janvier.

Au 28 février, les secours pour les loyers de janvier avaient été accordés à 258 familles, et les dépenses s'étaient élevées à 6,214 fr. 75.

Depuis le 1er février une révision attentive fut constamment opérée par les visiteurs. Les secours aux familles dont les soutiens étaient revenus et dont les besoins étaient moins impérieux, furent successivement rayés ou diminués, afin de préparer les voies à la suppression définitive des allocations municipales, sauf à recommander au gouvernement les veuves et les orphelins de l'arrondissement.

L'invasion de la Commune interrompit ce travail.

TABLEAU PAR SEMAINE DES SECOURS AUX FAMILLES DES MILITAIRES.

DATES.	NOMBRE de familles secourues.	MONTANT des secours.
		Francs.
Du 22 au 28 août 1870....................	40	445
Du 29 août au 5 septembre 1870	130	1,051
Du 6 au 12 septembre 1870................	116	960
Du 13 au 19 septembre 1870...............	138	1,105
Du 20 au 26 septembre 1870...............	175	1,385
Du 27 septembre au 3 octobre 1870.........	199	1,695
Du 4 au 10 octobre 1870..................	240	1,810
Du 11 au 17 octobre 1870.................	287	2,090
Du 18 au 24 octobre 1870.................	302	1,965
Du 25 octobre au 1er novembre 1870........	341	2,570
Du 2 au 8 novembre 1870..................	373	2,780
Du 9 au 17 novembre 1870.................	397	2,900
Du 18 au 24 novembre 1870................	442	3,265
Du 25 novembre au 1er décembre 1870.......	499	3,560
Du 2 au 8 décembre 1870..................	557	4,050
Du 9 au 15 décembre 1870.................	631	4,360
Du 16 au 22 décembre 1870................	707	4,890
Du 23 au 29 décembre 1870................	764	5,115
Du 29 décembre au 5 janvier 1871..........	837	5,762
Du 6 au 12 janvier 1871..................	861	5,700
Du 13 au 19 janvier 1871.................	929	6,155
Du 20 au 26 janvier 1871.................	957	6,260
Du 27 janvier au 2 février 1871...........	1,048	7,030
Du 3 au 9 février 1871...................	1,036	6,810
Du 10 au 16 février 1871.................	1,042	6,650
Du 17 au 23 février 1871.................	1,001	6,280
Du 24 février au 2 mars 1871.............	975	5,575
Du 3 au 9 mars 1871.....................	858	5,440
Du 10 au 16 mars 1871...................	829	4,950
Du 17 au 23 mars 1871	629	4,678
TOTAUX............	17,340	117,286

II.

COMITÉ INSTITUÉ EN FAVEUR DES ENFANTS DES ÉCOLES ET DES FAMILLES ÉPROUVÉES PAR LA GUERRE.

En vue de subvenir à l'alimentation des enfants dans les écoles et d'assister les familles nombreuses et dépourvues de ressources, ainsi que les réfugiés des communes suburbaines de la Seine ou des départements de Seine-et-Oise et Seine-et-Marne, et en général les personnes auxquelles le bureau de bienfaisance ne pouvait venir en aide qu'imparfaitement, des personnes charitables, sous les auspices de la municipalité, firent une quête dans l'arrondissement.

Cette quête produisit une somme d'environ 60,000 fr.

Pour la dispensation des secours, un comité parallèle à celui de la guerre fut constitué le 13 novembre 1870.

Les membres du comité de la guerre y furent appelés ainsi que les personnes qui avaient présidé à la quête, et plusieurs de leurs auxiliaires les plus zélés.

Le secrétaire du comité de la guerre fut aussi secrétaire du nouveau comité.

Le motif de cette assimilation fut qu'un grand nombre de familles étaient recommandées ou sollicitaient elles-mêmes à des titres non définis, et étaient dans le cas d'être transférées d'un comité à l'autre, que l'expérience des anciens membres devait faciliter les enquêtes, et que les inscriptions doubles deviendraient impossibles.

Les fonds de la quête furent déposés à la caisse du bureau de bienfaisance.

Une première somme fut prélevée pour la nourriture des enfants dans les écoles gratuites de l'arrondissement, tant municipales que libres.

Un résumé final donnera les chiffres de cette allocation.

Les secours furent d'abord distribués tant en nature, c'est-à-dire en pain, en raison des besoins de la famille, qu'en bons d'argent.

Les bons hebdomadaires furent remis aux membres, selon le mode adopté par l'autre comité.

Les membres du comité furent,

Parmi les présidents des sections de quête : MM. Cochin, Sallantin, Lerolle, Bercand, comte d'Haussonville, marquis de Raigecourt, Valette, marquis de Biencourt, Cousin, Rougelot,

Et successivement comme adjoints : MM. Lambert, Legriel, Chaulin, Poudra, Tonnier, Sabourin, Doulcet, comte de Montesquiou, de Jolly, Simonneau, Polmartin, comte de Biencourt, de Saint-Cyr, Gastineau, Gavard, Delacour, Godeaux, Marie père et fils, Aubry, de Bourges, Merveilleux Duvigneau,

Et, parmi les membres du comité de la guerre, indépendamment de ceux d'entre eux qui étaient présidents de sections de la quête : MM. Seyeux, Amiot, Descottes, de Foblant, de Rességuier, de Rivière, de Nougarède, Dublaix, Simon.

Le secrétaire du comité se rendait tous les jours de 9 à 11 heures à la mairie, dans un bureau spécial, pour recevoir les demandes et observations des familles.

M. Rinneberg, comptable du comité, faisait les lundi, mercredi et vendredi, à la même heure, le payement des bons, sous la direction du trésorier du bureau de bienfaisance.

Le 23 novembre, M. Sallantin voulut bien consentir à centraliser les enquêtes et les secours afférant aux réfugiés.

Le même jour, M. Cochin proposa la création d'une cantine à prix réduit, et annonça que M. Cahen, d'Anvers, offrait six mille francs pour cette œuvre.

L'objet principal de la cantine était de procurer aux familles peu aisées des portions d'une valeur inférieure de moitié au prix de revient.

MM. Cochin et Cousin se chargèrent, au nom du comité, d'organiser la cantine. M. Cahen fut invité à faire partie du comité.

Il fut aussi décidé qu'indépendamment des bons hebdomadaires les membres pourraient, en cas d'urgence, s'adresser au secrétaire et se faire délivrer des bons extraordinaires, sauf ratification en séance.

Le 7 décembre, M. Bellaigue, adjoint au maire, proposa au comité de prendre à son compte une certaine quantité d'étoffes achetées à des conditions favorables par l'ancienne administration et non soldées encore, et d'employer ces étoffes à faire fabriquer des vêtements d'hiver pour les enfants.

Cette proposition fut accueillie unanimement. De là, résulta la création d'un ouvroir-vestiaire dont MM. Sallantin, Legriel, de Rivière et Amiot, et plusieurs dames, mesdames Sallantin, Dargent, Amiot et autres, voulurent bien accepter la charge. Le vestiaire sera l'objet d'un rapport séparé.

La cantine fut ouverte le 7 décembre. Le fonctionnement de cette cantine sera relaté plus loin.

La Ville de Paris ayant décidé le dégagement gratuit d'effets d'indigents, et le 7e arrondissement ayant reçu pour cet effet un crédit de 2,500 fr., la municipalité, à la date du 4 janvier 1871, confia au comité l'opération des dégagements. Les propositions de dégagement furent l'objet d'enquêtes par les membres du comité, et les bons furent soumis à la signature du maire. Un état des dégagements fut dressé et mention fut faite sur la fiche de chaque famille.

Bientôt un nouveau crédit de 2,500 fr. fut accordé. La mairie, ayant dégagé pour 5,243 fr., couvrit l'excédant de son crédit avec les ressources du comité (voir plus loin le résumé).

Il est essentiel de relater ici que le comité avait fait établir au mois de janvier des fiches générales pour tous les secours municipaux, en vue de mettre sous les yeux du maire les secours afférents à chaque famille, et d'éviter les emplois multiples.

Ces fiches mentionnaient : 1° les secours du bureau de bienfaisance ; 2° ceux du comité de l'armée ; 3° ceux du comité des familles éprouvées ; 4° l'inscription aux cantines municipales ; 5° les secours extraordinaires, tels que dégagements du mont-de-piété, etc. Ces fiches alphabétiques furent déposées dans le cabinet du maire, de façon à tenir sous les yeux de l'autorité municipale tous les secours attribués à chaque famille.

Ces fiches furent dès lors constamment tenues au courant.

Le 18 janvier, en raison du rationnement du pain, les secours en pain furent transformés en argent, dans la proportion de 1 fr. par 2 kilogr. de pain.

A partir du premier février, les membres du comité commencèrent la révision des familles, afin d'opérer les réductions et suppressions possibles.

TABLEAU PAR MOIS DES DÉPENSES POUR LES ÉCOLES.

1870	Novembre............	5,960 fr.	
—	Décembre............	2,143	
1871	Janvier.............	3,030	85
—	Février.............	9,542	50
—	Mars...............	1,294	75
	Total..........	21,971 fr. 10	

TABLEAU PAR SEMAINE DES SECOURS AUX FAMILLES ÉPROUVÉES PAR LA GUERRE.

DATES.	NOMBRE de FAMILLES.	SOMMES PAYÉES.	OBSERVATIONS.
Du 23 novembre au 29 novembre 1870	58	288	
Du 30 novembre au 6 décembre —	97	367	
Du 7 décembre au 13 décembre —	136	467	
Du 14 décembre au 19 décembre —	92	317	
Du 20 décembre au 26 décembre —	195	615	
Du 27 décembre 1870 au 2 janvier 1871	266	891	
Du 3 janvier au 8 janvier 1871......	305	954	
Du 9 janvier au 15 janvier —	366	1.005	
Du 16 janvier au 22 janvier —	449	1.341	
Du 23 janvier au 29 janvier —	680	2.411	
Du 30 janvier au 5 février —	645	2.274	
Du 6 février au 12 février —	633	2.161	
Du 13 février au 19 février —	723	2.550	
Du 20 février au 26 février —	720	2.493	
Du 27 février au 5 mars —	665	2.232	
Du 6 mars au 12 mars —	647	2.132	
Du 13 mars au 19 mars —	520	1.621	
Du 20 mars au 28 mars —	499	1.529	
	7.696 bons.	25.738 argent.	

Il avait été distribué depuis le commencement, par les soins du comité, la somme de 25,738 fr. pour les secours ordinaires.

Le 24 mars, l'invasion de la Commune interrompit violemment cette liquidation.

Après le rétablissement de l'ordre, il fut pourvu, grâce au zèle de M. Sabourin et d'autres personnes dont la municipalité avait accepté ou provoqué le concours, MM. Gaildreau, de Nougarède, Genouille, à la distribution de nouveaux secours, principalement en pain. Ce nouveau service a duré jusqu'au 31 juillet, époque où les bureaux de bienfaisance ont repris leur fonctionnement complet.

La CANTINE MUNICIPALE, instituée par décision du comité, en date du 23 novembre 1860, fonctionna du 7 décembre 1870 au 9 mars 1871.

Le tableau suivant indique par mois le nombre de portions distribuées.

Les aliments fournis par la cantine se composaient de viande, bouillon, soupe, pommes de terre, haricots, riz et chocolat.

MOIS.	NOMBRE DE PORTIONS DÉLIVRÉES.			TOTAL des PORTIONS.	TOTAL de la RECETTE.	OBSERVATIONS.
	Gratuitement.	A raison de 0 f. 05	A raison de 0 f. 10			
					Fr. c.	
Décembre.	»	0.590	13.586	17.176	1.548 90	Dans le total de
Janvier...	499	5.784	28.957	35.240	3.184 90	la recette se trouve
Février...	»	2.886	15.040	17.926	1.648 30	comprise la somme
Mars.....	»	434	1.263	1.697	148 »	de 10 fr. 80, don fait
Totaux ...	499	12.694	58.846	72.039	6.530 10	par M. Vidalin.

DÉGAGEMENTS DU MONT-DE-PIÉTÉ.

Nombre de familles qui ont participé au dégagement : 534.
Somme versée : 5,243 fr.

III.

OUVROIR DE LA RUE BELLECHASSE, N° 50.

A la séance du 7 décembre 1870, le comité de secours avait décidé qu'un vestiaire-ouvroir serait établi sous la direction de
MM. Amiot, Legriel, de Rivière et Sallantin. Le but de cette
œuvre était : 1° d'occuper le plus grand nombre possible d'ouvrières de l'arrondissement; 2° de distribuer les vêtements aux
familles les plus nécessiteuses.

M. Legriel ayant mis libéralement son atelier à la disposition
du comité, le vestiaire put être ouvert dès le 15 décembre 1870 ;
il fut fermé le 18 mars 1871.

Mesdames Amiot, Dargent, Deschars, de Chambray, Sallantin ,
Bizé, Rouge, Parizot, mesdemoiselles Heudebert et Cabuchet, ont
bien voulu donner un concours actif à cette œuvre de bienfaisance
qui, grâce à leur infatigable dévouement, a pris un développe-
ment inespéré.

224 ouvrières ont été employées par l'ouvroir; à ce chiffre il y
a lieu d'ajouter 50 ouvrières occupées par mesdemoiselles Girard,
qui dirigeaient un atelier annexe, et 4 coupeuses employées à
l'ouvroir même : soit au total 278 ouvrières.

Les ouvrières travaillaient chez elles ; elles ne venaient qu'une
fois par semaine au vestiaire pour y prendre l'ouvrage qui leur
était destiné et rapporter les vêtements qu'elles avaient confectionnés. Leur salaire, largement calculé, variait entre 3 et 5 fr.
par semaine, somme bien modique sans doute, mais qui, eu
égard aux circonstances, était d'un grand secours dans plus
d'une famille.

Le vestiaire a reçu un certain nombre de vieux vêtements, du
linge et des vieilles chaussures donnés par des habitants de l'arrondissement, qui s'étaient empressés de répondre à l'appel de
M. le maire. Afin que ces vêtements pussent faire un meilleur
usage, ils avaient été réparés avant d'être distribués aux pauvres.

L'ouvroir avait acquis également pour une somme relativement considérable des bas et des gilets de laine, des sabots et des chaussons.

Trois fois par semaine les familles pauvres désignées par les membres du comité, ou sur le compte desquelles des enquêtes à domicile avaient été faites, recevaient au vestiaire des vêtements ou des chaussures.

Voici le relevé des objets distribués, du 15 décembre au 18 mars, et qui, pour la presque-totalité, ont été confectionnés ou réparés à l'ouvroir :

VÊTEMENTS D'HOMMES.

Paletots	132
Gilets	105
Pantalons	131
Chemises	229
Gilets de flanelle	467
Paires de bas ou chaussettes	147
Casquettes	12
Cache-nez	22
Paires de souliers	51
Paires de sabots et chaussons	130
	1,426

VÊTEMENTS DE FEMMES.

Caracos	473
Jupes et jupons	493
Chemises	384
Gilets de flanelle	205
Robes	236
Tabliers	236
Mouchoirs	37
Bonnets et capuches	32
Paires de bas	147
Paires de chaussons	243
Paires de sabots	266
Paires de chaussures	14
	2,766

PETITS GARÇONS.

Paletots..............................	249
Pantalons	636
Chemises.............................	289
Costumes complets, blouses et pantalons.	183
Blouses séparées......................	122
Vareuses.............................	91
Gilets...............................	21
Paires de bas........................	66
Casquettes...........................	20
Paires de sabots.....................	138
Paires de chaussons..................	194
Paires de chaussures.................	12
	2,021

PETITES FILLES.

Caracos..............................	227
Jupons...............................	303
Chemises.............................	370
Robes	526
Paires de bas........................	57
Capuches.............................	78
Gilets de flanelle	220
Paires de chaussures.................	17
Chaussons............................	100
Sabots...............................	100
Tabliers.............................	304
	2,302

ENFANTS EN BAS AGE.

Chemises.............................	123
Brassières et caracos................	215
Langes...............................	38
Robes	252
Bonnets et capuches	214
Paires de bas	69
Paires de souliers...................	10
Tabliers.............................	9
Objets divers........................	73
	1,003

DRAPS, LINGES, COUVERTURES.

Paires de draps	48
Couvertures	50
Serviettes	100
Taies d'oreiller	24
Torchons	8
Tabliers	21
	251

Soit au total 9,769 objets, répartis entre 1,477 familles.

Les enfants pauvres de toutes les écoles de l'arrondissement (y compris les écoles libres et l'école protestante) ont eu une large part dans la distribution des vêtements.

La dépense totale de l'ouvroir s'est élevée à 27,029 fr.; dans ce chiffre, le montant des salaires des ouvrières figure pour 8,534 fr. 90. Le surplus de la dépense comprend l'acquisition d'étoffes, d'objets de bonneterie, de sabots et de chaussons. Les frais de premier établissement ont été à peu près nuls (ils ne dépassent pas 150 fr.).

IV.

CANTINES MUNICIPALES.

Cette œuvre, tout à fait indépendante des trois œuvres précitées, a eu pour but la distribution gratuite aux classes pauvres d'aliments cuits; elle a fonctionné sans interruption jusqu'à la Commune.

Le nombre des bouches nourries par les cantines municipales a varié de 6,000 à 8,000 par jour, pendant la durée du siége.

La ration de pain était de 400 grammes par adulte, plus 80 grammes de viande, et d'un quart de litre de bouillon gras de deux jours l'un; l'autre jour, d'une quantité proportionnelle de riz, légumes secs et bouillon.

L'inscription aux cantines avait lieu par les soins d'un bureau ouvert à la mairie. Le contrôle s'exerçait à l'aide d'enquêtes et de fiches constatant l'âge, la profession, le domicile et la situation de toutes les parties prenantes.

Le personnel payé de chaque cantine était placé sous la surveillance d'un chef de section non rétribué.

Des inspecteurs gratuits ou salariés parcouraient toutes les cantines, afin d'assurer autant que possible la bonne exécution du service.

Les cantines ont d'abord fonctionné à l'aide des bénéfices de la boucherie municipale et de quelques dons particuliers. Chacun des chefs de section administrait la cantine dont il était chargé, sous le contrôle effectif de l'autorité municipale.

L'un des premiers soins de la municipalité élue a été de ramener le service des cantines dans la main de l'administration. Les sommes fournies par la Ville étaient versées au secrétaire-trésorier du bureau de bienfaisance, et toutes les dépenses étaient ordonnancées par le maire après approbation par le chef de section et par le président de la commission des cantines de tous les états ou factures présentés.

Les payements étaient faits exclusivement par le secrétaire-trésorier du bureau de bienfaisance. Tous les soirs, un état de distribution était soumis au maire pour le service du surlendemain. Il comprenait le nombre de bouches afférent à chaque cantine, la nature et la quantité d'aliments destinée à chacune d'elles en proportion du nombre de bouches.

Cet état servait de titre et de contrôle soit à la municipalité, soit aux fournisseurs, soit aux préposés des différentes cantines chargés de recevoir la veille les aliments qui devaient être préparés et distribués le lendemain.

Les aliments excédant la distribution de chaque jour étaient distribués aux petites sœurs des pauvres et aux maisons de secours de l'arrondissement.

Afin d'éviter, d'une part, l'encombrement aux abords de chaque cantine et les établissements sur la voie publique, d'autre part, le gaspillage du pain, la municipalité substitua à la distribution des rations de pain en nature, la délivrance de feuilles de boulangerie nominatives de quinzaine, permettant au titulaire de prendre son pain à son heure chez tous les boulangers de l'arrondissement.

Les bons détachés des feuilles de quinzaine étaient remboursés en farine aux boulangers par la caisse de la boulangerie, ce qui

simplifiait d'autant la comptabilité déjà trop compliquée des cantines.

Ces feuilles de boulangerie ont été maintenues avec des réductions successives de la ration après la suppression des cantines.

Elles ont facilité la transition entre le régime de l'assistance
municipale et celui du bureau de bienfaisance.

La dépense des cantines, en dehors des bons de pain remboursés directement par la caisse de la boulangerie, s'est élevée à environ 121,235 fr.

Dans ce chiffre, le prix de la viande entre pour une somme
de. . . . . 48,112 fr.
Celui des autres aliments pour un chiffre de. . . 32,671
La dépense du personnel de. 15,135
Celle du matériel de. 25,317

Quels que soient les abus inévitables qu'entraîne une œuvre de
ce genre, abus contre lesquels la municipalité a lutté de toutes
ses forces avec le concours d'un grand nombre de ses adminis-
trés, les cantines ont rendu pendant le siége des services dont on
ne peut méconnaître l'importance.

Ces chiffres ne sont qu'approximatifs, la liquidation des cantines n'étant pas complétement apurée.

Paris. — Imprimerie Adolphe Lainé, rue des Saints-Pères, 19.